물 아저씨 과학 그림책 10
농장은 시끌벅적해

2016년 7월 15일 1판1쇄 발행 | 2024년 3월 10일 1판16쇄 발행

글그림 | 아고스티노 트라이니   옮김 | U&J
펴낸이 | 나춘호   펴낸곳 | (주)예림당
등록 | 제2013-000041호   주소 | 서울시 성동구 아차산로 153
구매 문의 전화 | 561-9007   팩스 | 562-9007
책 내용 문의 전화 | 3404-9251
http://www.yearim.kr

책임 개발 | 박효정 / 서인하 문새미   디자인 | 이정애   저작권 영업 | 문하영 / 박정현
제작 | 신상덕 / 박경식   영업 홍보 | 김민경   마케팅 | 임상호 전훈승

ISBN 978-89-302-6867-7 74400
ISBN 978-89-302-6857-8 74400(세트)

이 책의 한국어판 저작권은 (주)예림당과 Atlantyca S.p.A.사와의 독점 계약으로 (주)예림당에 있습니다.
저작권법에 의해 한국 내에서 보호를 받는 저작물이므로 무단 전재와 복제를 금합니다.

All names, characters and related indicia contained in this book, copyright of Edizioni Piemme S.p.A.,
are exclusively licensed to Atlantyca S.p.A. in their original version. Their translated and/or adapted
versions are property of Atlantyca S.p.A. All rights reserved.
Text and illustrations by Agostino Traini

©2014 Edizioni Piemme S.p.A., Palazzo Mondadori – Via Mondadori, 1 – 20090 Segrate
©2016 for this book in Korean language – YeaRimDang Publishing Co., Ltd.
International Rights   Atlantyca S.p.A. - foreignrights@atlantyca.it – www.atlantyca.com
Original Title: GITA ALLA FATTORIA
Translation by: 농장은 시끌벅적해

No part of this book may be stored, reproduced or transmitted in any form or by any means, electronic
or mechanical, including photocopying, recording, or by any information storage and retrieval system,
without written permission from the copyright holder. For information address Atlantyca S.p.A.

물 아저씨 과학 그림책 10

농장은 시끌벅적해

글·그림 아고스티노 트라이니

어느 맑은 날, 물 아저씨는 공기 아줌마와 함께
꼬마 선장에게 요트 타는 법을 알려 주고 있었어요.
그때 작은 새 콜럼버스가 헐레벌떡 날아왔어요.

"물 아저씨! 빨리 안젤로와 클라라의 농장으로 가 보세요. 식물들이 죽어 가요. 비가 안 와서 땅이 바짝 말랐어요!" 콜럼버스가 다급하게 외쳤어요.

물 아저씨는 곧장 농장으로 떠날 준비를 했어요.
해 아저씨가 햇볕을 내리쬐자 물 아저씨는 수증기로 변해
하늘 위로 올라갔고, 물방울을 잔뜩 머금은 구름이 되었어요.

공기 아줌마는 재빨리 입김을 훅 불어 주었어요.
구름이 된 물 아저씨는 바람을 타고 들판 쪽으로 밀려났어요.

물 아저씨는 모래가 반짝이는 해변과 나무가 쭉 늘어선 길,
크고 아름다운 성을 지났어요. 칙칙폭폭 기차 소리가 들리는
기찻길을 따라가다 보니 저 멀리 농장이 보였어요.
"저기다! 안젤로와 클라라의 농장이야."

안젤로와 클라라의 농장은 바싹 말라 있었어요.
동물들도 더위에 지쳐 보였지요. 물 아저씨는 걱정이 되었어요.
'너무 늦은 게 아니어야 할 텐데……'

주룩주룩, 쏴! 물 아저씨는 채소밭에 얼른 비를 뿌렸어요.
목말라하던 동물들과 식물들이 모두 기뻐하며 목을 축였어요.
비는 아주 시원하고 상쾌했지요.

"물 아저씨, 저희도 목이 말라요!"
물 아저씨는 밀밭과 과수원에도 비를 듬뿍 내렸어요.
허수아비 우고도 모처럼 깨끗하게 씻고서 기분이 무척 좋았어요.

땅이 촉촉하게 젖어 들자 흙냄새가 향긋하게 퍼졌어요.
그런데 비를 내리면 내릴수록 물 아저씨는 점점 작아졌어요.
급기야 어느 순간 보이지 않았지요.

아하! 물 아저씨는 어느새 땅으로 내려와 물웅덩이가 되었어요.
농장 식구들이 하나둘 모여들어 물 아저씨에게 인사를 건넸어요.
슬그머니 사라졌던 해 아저씨는 무지개 아르코를 데려와
농장을 아름답게 비춰 주었어요.

농장 친구들이 물 아저씨와 재잘재잘 얘기를 나누는데,
또 물 아저씨가 사라졌지 뭐예요!
흥건하게 젖은 땅으로 스르륵 스며들어 버린 거예요.

똑! 또독! 또도독! 물방울이 떨어지는 소리가 울려 퍼졌어요.
"아휴, 땅속 동굴에 갇혀 버렸네. 이제 어떡하지?"
혼자 남은 물 아저씨는 벌써 친구들이 그리웠어요.
그때 요정 할아버지가 나타났어요.
"내가 밖으로 나가는 방법을 알려 줄게!"

"저거야, 저걸 타면 돼!"
요정 할아버지는 쇠사슬에 매달린 양동이를 가리켰어요.
물 아저씨가 양동이 속으로 잽싸게 쏙 들어가자,
누군가 물 아저씨를 위로 끌어 올렸어요.

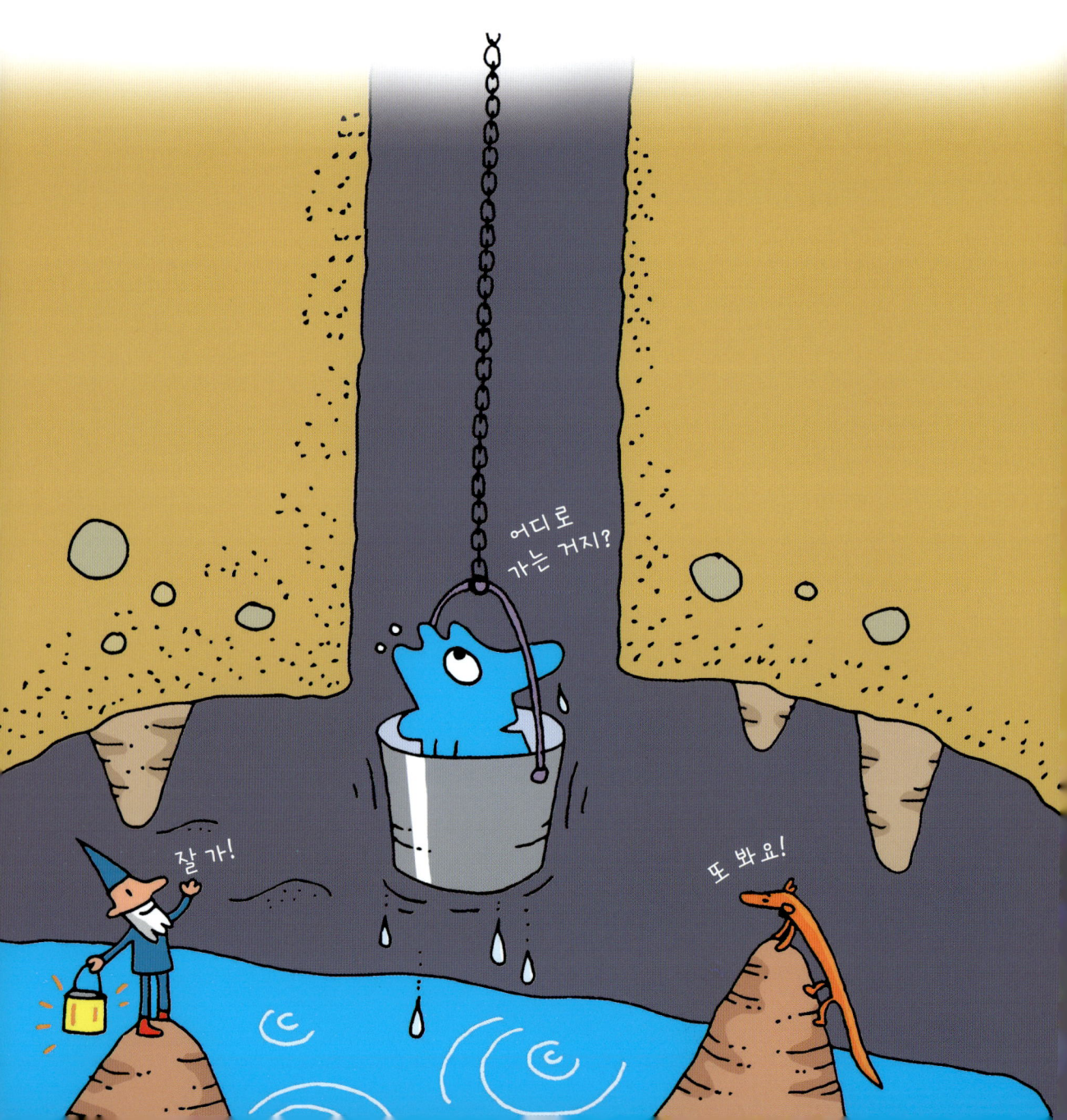

삐거덕삐거덕!
요란한 소리를 내며 올라오자 농장 마당이었어요.
물 아저씨는 농장의 우물 안에 있었던 거예요.
"내가 돌아왔어!"
신이 난 물 아저씨가 소리쳤어요.

물 아저씨는 안젤로의 트랙터를 타고 농장을 구경했어요.
꿀벌들은 붕붕 날아다니며 벌통에 달콤한 꿀을 모았고,
밭에는 물을 머금은 싱싱한 상추와 토마토가 가득했어요.
무화과 나무에는 열매가 주렁주렁 달려 있었지요.

암탉들은 부지런히 달걀을 낳았어요.
안젤로와 클라라는 양과 염소, 젖소에서 얻은
우유로 맛있는 치즈를 만들었어요.

"어? 우유가 모자라네. 물 아저씨, 좀 도와주세요!"
클라라의 부탁에 물 아저씨는 한달음에 외양간으로 달려갔어요.
요정 할아버지가 알려 준 대로 우유를 짜기 시작했지요.
신선하고 고소한 우유 냄새가 솔솔 퍼졌어요.

"윽! 그런데 이건 무슨 냄새지?"
지독한 냄새에 물 아저씨가 화들짝 놀랐어요.
"에헴! 나야, 나. 똥!"
젖소들이 풀과 여물을 먹고 만들어 낸 똥 아저씨였어요.

똥 아저씨는 냄새는 고약해도 특별한 일을 해요.
농작물이 튼튼하게 잘 자라도록 땅을 기름지게 해 주거든요.
안젤로는 땅에 똥 아저씨를 듬뿍 뿌렸어요.
"똥 아저씨, 땅과 힘을 합쳐서 농작물을 쑥쑥 키워 주세요!"

이제 밭을 일굴 차례예요.
물 아저씨는 트랙터로 밭을 갈아 잡초를 없애고,
흙덩이를 잘게 부숴 밭을 판판하게 골랐어요.
클라라는 고르게 일군 밭에 정성껏 씨앗을 뿌렸지요.

해 아저씨와 농부들이 하루 일을 마치고 쉬러 가자,
밤하늘에 떠오른 달과 별들이 땅에 생기를 불어넣었어요.
식물들이 무럭무럭 자랄 수 있게요.

올해도 농사가 잘되겠어~

땅은 우리에게 필요한 것들을 쑥쑥 길러 줘요.
상큼한 사과, 탐스러운 포도, 달큰한 당근과 아삭한 양배추까지!
땅 덕분에 사계절 내내 맛있는 과일과 채소를 먹을 수 있어요.

물 아저씨 덕분에 농장이 다시 시끌벅적해졌어요.
해 아저씨가 둥실 떠오르면 또다시 바쁜 하루가 시작되겠지요.
물 아저씨는 농장에서 있었던 일을 영원히 잊지 못할 거예요.

물 아저씨와 함께하는 신나는 과학 실험

차근차근 따라 해 보세요!
그동안 알지 못했던 재미있고 흥미진진한
사실들을 알게 될 거예요.

새콤달콤 딸기 키우기

준비물

 딸기 1개

 작은 칼 1개

 키친타월 2장

 플라스틱 컵 1개

 흙을 가득 담은 화분

난이도

1

씨앗이 있는 딸기의 겉쪽을 얇게 잘라서 키친타월 위에 얹어요. 딸기 씨앗이 보이게 그늘에서 말려요.

② 딸기가 바싹 마르면 씨앗을 따로 떼어 내어 플라스틱 컵에 담아요.

꼭 싹이 나야 할 텐데!

③ 씨앗을 물에 불려 화분에 심어요. 2~3주가 지나면 작은 싹이 나와요. 또다시 2~3주가 지나면 떡잎이 생기지요. 흙이 마르지 않게 물을 주어야 해요.

④ 이제 기다리기만 하면 돼요. 정성껏 돌보면 새콤달콤한 딸기를 먹을 수 있을 거예요!

냠냠!

딸기는 줄기가 점점 길어지다가 꽃이 펴요. 꽃이 시들면 꽃잎이 떨어진 자리에서 딸기 열매가 자라기 시작해요.

말괄량이 허수아비 만들기

준비물

길이가 다른 막대기 2개

낡은 옷들

은박지

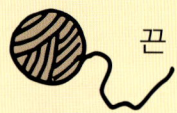
끈

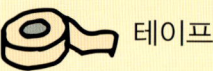
테이프

사인펜

신문지

비닐봉지 또는 못 쓰는 베개 커버

난이도

① 막대기 2개를 끈으로 묶어요. 짧은 막대기는 가로로 눕혀서 허수아비의 팔을, 긴 막대기는 세로로 세워 허수아비의 몸통을 만들어요.

② 비닐봉지나 베개 커버에 신문지를 구겨 넣어 허수아비 얼굴을 동그랗게 만들어요. 눈, 코, 입을 그려서 얼굴을 완성해요.

③ 허수아비에게 옷을 입히고 은박지를 잘라서 반짝반짝 빛나는 머리카락도 만들어요.

딸기 화분 옆에 세울까?

안 속아!

허수아비는 농작물을 먹는 새나 짐승을 쫓기 위해 사람과 비슷하게 만들어요. 논밭에 세워 두지요.

야고스티노 트라이니는 누구일까요?

저는 1961년에 태어났어요. 어렸을 때는 몰랐어요.

커서 그림책을 만드는 사람이 될 줄 말이에요.

한 권의 책을 만들려면 먼저 좋은 생각이 떠올라야 해요.

보통은 재미있는 등장인물들이 머릿속에 떠올라요.

엉뚱한 상황들도요.

하지만 가끔은 아무 생각도 나지 않을 때가 있어요!

생각이 떠오르면 그림을 그리기 시작해요. 먼저 연필로 그린 다음, 검은색 잉크로 다시 그려요.

그런 다음, 모든 장면을 색칠해요. 붓과 물감을 쓰기도 하고

컴퓨터로 작업할 때도 있어요. 이 책은 컴퓨터로 만들었어요.

이 모든 작업이 끝나면 인쇄해서 책이 완성됩니다. 정말 행복한 순간이지요!

Agostino Traini

아래의 주소로 저에게 이메일을 보낼 수 있어요.
agostinotraini@gmail.com

물 아저씨 과학 그림책

과학 공부의 시작은 물 아저씨와 함께!
세상 곳곳의 신기한 과학 현상을 배우며
지적 호기심을 가득 채워 보세요!

글·그림 아고스티노 트라이니 | 175×240mm | 32~48쪽 | 각 권 8,500원

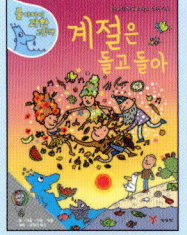   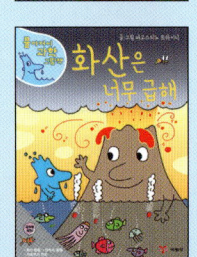

   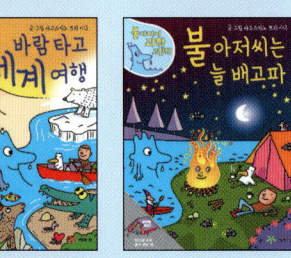

1. 물 아저씨는 변신쟁이
2. 공기 아줌마는 바빠
3. 해 아저씨는 밤이 궁금해
4. 키다리 나무 아저씨의 비밀
5. 계절은 돌고 돌아
6. 물 아저씨와 감각 놀이
7. 알록달록 색깔이 좋아
8. 화산은 너무 급해
9. 물 아저씨는 힘이 세
10. 농장은 시끌벅적해
11. 바람 타고 세계 여행
12. 불 아저씨는 늘 배고파
13. 폭풍은 이제 그만
14. 물 아저씨와 몸속 탐험
15. 옛날에 공룡이 살았어

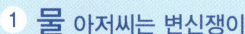

특별판

물 아저씨와 **신나는 크리스마스**

물 아저씨와 **건강한 먹거리**

물 아저씨와 건강한 먹거리
물 아저씨와 신나는 크리스마스

글·그림 아고스티노 트라이니 | 220×280mm | 32쪽 | 각 권 13,000원